**图书在版编目（CIP）数据**

全科知识点大爆炸.天文知识点大爆炸 / 李骁主编；聪聪老师著；任梦绘. —— 北京：电子工业出版社，2021.8
ISBN 978-7-121-41142-7

Ⅰ.①全… Ⅱ.①李… ②聪… ③任… Ⅲ.①科学知识－少儿读物②天文学－少儿读物 Ⅳ.①Z228.1②P1-49

中国版本图书馆CIP数据核字(2021)第087478号


责任编辑： 季　萌
印　　刷： 中煤（北京）印务有限公司
装　　订： 中煤（北京）印务有限公司
出版发行： 电子工业出版社
　　　　　 北京市海淀区万寿路173信箱　邮编：100036
开　　本： 889×1194　1/20　印张：20　字数：384千字
版　　次： 2021年8月第1版
印　　次： 2024年5月第3次印刷
定　　价： 188.00元（全8册）

# 天文 知识点大爆炸

全科
知识点
大爆炸
·天文·

李骁 / 主编

聪聪老师 / 著

任梦 / 绘

电子工业出版社
Publishing House of Electronics Industry
北京·BEIJING

# 目 录

## 第八章
## 地球
## 34

## 第九章
## 恒星
## 38

## 第十章
## 观星
## 40

## 第十一章

# 天文学的发展

## 44

## 第十二章

# 现代人类对太空的探索

## 48

中国教育现状目前遇到的一大问题就是内卷——孩子们通过上补习班，提前学习高年级的知识，从而成为别人口中的学霸。这种情况早已不是秘密。如果你不提前起跑，很有可能在后面就会被落下。而另一个现状就是，大家都去补习了，可上大学的名额并没有变，大家的起跑线是一样的，却也因此都失去了宝贵的童年。

从儿童大脑发育的角度来讲，6~12岁的孩子处在一个认识世界，形成兴趣，放飞思想的阶段，而过量的补习班却在禁锢住孩子们的想象，这种"揠苗助长"的行为，换来的优秀的成绩却是靠拉低孩子们对世界和未来的创造力而换来的。

创造力和成绩的矛盾看似不可调和，实际上有两全其美的解决方，那就是兴趣至上。如果能够提前引导孩子们喜欢上学习知识，顺其自然地培养出孩子热爱学习的习惯，这样既不会禁锢住他们未来飞翔的高度，也能让孩子获取优秀的成绩，两全其美。

为此，我们请到了各科资深老师、专家、儿童心理发展教育专家和经验丰富的童书编辑，针对6~12岁孩子倾力合著了这套《全科知识点大爆炸》。我们发掘出数学、物理、化学、生物、地理、历史科目中最重要、最具代表性的知识点，力求做到生动有趣，让孩子们提前接触并认识到各科的美妙之处，在他们心里埋下兴趣的种子，等待日后发芽，茁壮成长。后来我们又加入了经济和宇宙的主题，使孩子们平衡发展，在学习客观知识的同时也增加对人类社会性的理解，并且帮助孩子开阔眼界，让他们的思维可以无限延伸。希望在这套书的帮助下，每个孩子都能培养学习兴趣，做掌握全科知识的小达人。

李骁

香港城市大学研究员
中国科学院神经生物学博士

# 浩瀚的宇宙

**第一章**

　　宇宙，广袤而神秘。古往今来，抬头仰望星空，那漫天的繁星总会引发人们无限的遐想。究竟宇宙从何而来，又将去向何处？早在两千年前，屈原在《天问》中就发出了感叹："遂古之初，谁传道之？上下未形，何由考之？"随着科技的发展和进步，人类对于宇宙的认识也越来越深入。在浩瀚的宇宙空间中，存在着各种各样的天体，包括恒星、星系、类星体等。随着天文学的发展，尽管人类已经可以观测到距离地球100亿光年以外的天体，但由于宇宙十分巨大，人类对它的探索将永不停息。

## 宇宙大爆炸

　　宇宙产生于137亿年前的一次大爆炸，天文学家称之为宇宙大爆炸。宇宙以及宇宙中的物质就起源于这场大爆炸。这次大爆炸产生了大量超热的、高密度的物质，这些物质扩散并冷却后，形成了基本粒子，然后形成了原子，最终在引力的作用下，这些物质聚集在一起，形成了恒星和星系。

### 1. 原始粒子的结合

　　从大爆炸中产生了无法用肉眼看到的微小粒子。几万年后，粒子结合在一起，形成了电子、质子和中子。

### 2. 原子（氢和氦）形成

　　原子是构成宇宙万物最基本的单位。

### 3. 恒星和星系形成

　　原子之间的引力让它们聚集在一起，经过数百万年的时间，形成了浓密的星际气体云。气体云极其缓慢地收缩，越来越浓密，最终形成第一批恒星和星系。

### 4. 大爆炸产生了时间和空间。

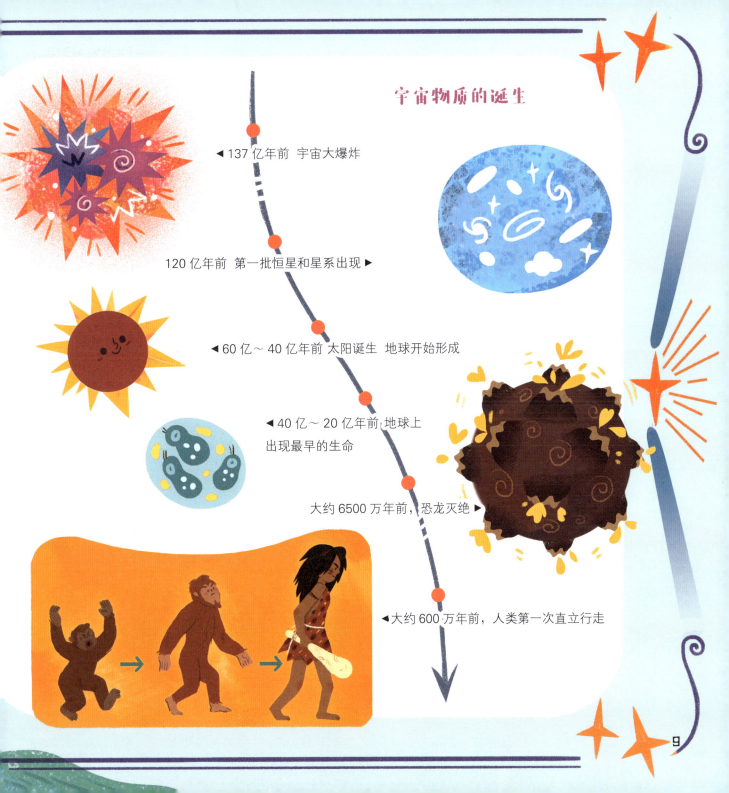

# 宇宙物质的诞生

◄ 137 亿年前 宇宙大爆炸

120 亿年前 第一批恒星和星系出现 ►

◄ 60 亿～40 亿年前 太阳诞生 地球开始形成

◄ 40 亿～20 亿年前 地球上
出现最早的生命

大约 6500 万年前，恐龙灭绝 ►

◄ 大约 600 万年前，人类第一次直立行走

## 星系

　　星系是由无数恒星和星际物质组成的天体系统，它们的形状和大小各不相同。星系很大，包含着数不清的恒星。天文学家根据这些星系的形状将它们分为旋涡星系、椭圆星系、棒旋星系和不规则星系等。

　　1. **旋涡星系**：在宇宙中，大部分星系都属于旋涡星系，它们的外围物质围绕着星系核运转，看上去就像一个大旋涡，例如我们的银河系就属于旋涡星系。

　　2. **椭圆星系**：有一些星系没有旋臂*，内部物质紧密聚集在一起，这样的星系外形呈椭圆形，它们被叫作椭圆星系。

　　* **旋臂**：旋臂是星系的一个重要特征，在星系盘的边缘，我们通常会看到旋涡拉伸的长条，这就是旋臂。

　　3. **棒旋星系**：棒旋星系的星系核就像一个长长的棒子，在这个棒状的星系核的两端是两条长长的旋臂。宇宙中，棒旋星系随处可见。

　　4. **不规则星系**：宇宙中还有一些形状奇特的星系，这些星系的外形变化多端，被称为不规则星系。

## 星系碰撞

　　浩瀚宽广的宇宙中，星系和星系之间的空间非常辽阔，众多的星系就像是漂浮在海上的岛屿。不过，天文学家认为，宇宙是动态的，一直都在变化，而星系间可能会发生碰撞。当碰撞发生后，星系间的作用力会使得它们的形状发生巨大变化，巨大的椭圆星系可能就是星系碰撞的产物。此时，气体和灰尘通常都会从这两个星系中脱离出来，成为构成新恒星的物质。

## 星系团

　　在宇宙中，星系成群结队地在一起，构成更庞大的天体系统——星系团。宇宙中散布着超过 10 亿个星系团。在星系团中，不同星系间互相吸引，在宇宙空间中上演一曲庞大的集体舞蹈。在一个星系团里大概有上百个星系，甚至更多。我们所处的银河系也在一个星系团里，这个星系团就是本超星系团，它大概包含了 30 多个星系。

## 行星·恒星·卫星

**行星：**行星是围绕恒星运转的巨大的岩石或彗星气态球体。行星起源于围绕着恒星运转的旋涡气团和尘埃云。

**恒星：**恒星是更大、更明显的球体，它们能够发光发热，释放能量。恒星诞生于星云中，在星云内部，粒子在引力的作用下聚拢在一起，形成的收缩天体就叫原恒星。当原恒星里的原子被挤压到一起时，就会产生光和热，最终就会形成一颗恒星。

**卫星：**卫星是绕着行星运转的，就像行星围绕着恒星运转那样，有的行星有一颗或者多颗卫星。

## 流星

晴朗的夜晚，仰望星空，有时候可以看见一道闪光划过，这就是流星。它是星际物质闯入地球大气层并燃烧形成的。在每年固定的几个时段，地球会与彗星轨道交叠，彗星轨道上的尘埃和碎石块因地球吸引而坠入大气层，那时人们就可以看到数百颗流星在同一时间内划过天空的景象，这种现象就是流星雨。

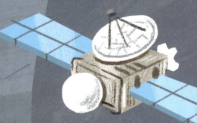

## 陨石来源

大部分陨石来源于火星和木星之间的小行星带，少量的陨石来源于月球和火星。

**陨石：**根据化学成分不同，主要将陨石分成 3 类：石陨石、铁陨石和石铁陨石，其中石陨石占绝大多数。

## 陨石

人们偶尔能够在地球上发现一些本不属于地球的东西。它们来自遥远的太空或者地球附近的其他星球。它们呼啸而至，带来了有关太阳系古老历史的重要信息。它们几乎是除了月球之外人类能够得到的太空实物样本的唯一来源。它们在为人类了解宇宙带来机遇的同时，也可能为地球带来一些伤害，它们就是陨石。

## 彗星

彗星由冰和尘埃组成，它们大多位于海王星轨道外，但是它们有时候会被太阳的引力吸引到太阳系内层。在彗星靠近太阳的过程中，它的冰壳会逐渐融化、汽化，形成被称为彗发的气体和尘埃混合而成的云。彗发延伸出两条彗尾，一条是直的，由气态物质组成；一条是弯的，由尘埃组成。

## 小行星

小行星是太阳系诞生之初遗留的岩石碎块，它们一直分散着，没能积聚成行星。据科学家研究表明，这样的小行星可能有几十亿个。大部分小行星游荡在火星和木星的轨道之间，构成了小行星带。尽管有这么多小行星，但是它们彼此之间的距离非常大，偶尔会发生小行星之间的互相撞击，这种撞击可能导致离群的小行星飞向地球。

## 宇宙的未来

宇宙在不断膨胀，不过人们并不知道它是否会一直膨胀下去。或许，宇宙会无限膨胀下去，直到出现大塌缩。但这也只是种假设，还没有科学依据可以证明。

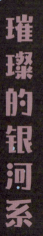

# 璀璨的银河系

## 第二章

每当到了夏天的夜晚，我们只要抬头看天空，就会发现天空中有一条银色的带状物，这就是银河系。银河系只是人类已知的一千多亿个星系中的一个，而人类依赖的太阳也只是组成银河系的几千多亿颗恒星中的一颗。

## 银河系的外观

事实上，如果从银河系以外的地方俯瞰，我们所处的银河系是一个巨大的旋涡星系。银河系的直径大于 10 万光年，所以如果要从一端到另一端，就算乘坐航天飞机，也需要花费几百万年时间。银河系内的恒星绝大多数集中在中心部分，这里叫作核球。而除了核球之外的其他部分则相对空旷。从外观上看，银河系就像一个中间凸起的圆盘，从侧面看，就像两个煎鸡蛋叠在一起。

### 银河系的内部

银河系中包含恒星、星团和气态星云。夜空中的壮丽景观大多是由银河系的局部结构形成的。年轻、炽热的恒星分布在银河系旋臂的疏散星团内，银河系中央凸起的是一团团的红色老年恒星，其中心是一个超巨星的黑洞。当一颗很大的恒星消亡时，它的核心会形成一个巨大的黑洞。黑洞的引力非常大，能够将周围的任河物质吸进去，包括光。

### 光年

星系里的恒星之间的距离都很远，所以天文学家用光年来测量它们之间的距离，这是一个长度单位，而不是时间单位。一光年是指光在一年内传播的距离，大约是95000亿千米。

### 地球在银河系的位置

我们居住的地球绕着距离我们最近的恒星太阳运转，是太阳系八大行星之一。太阳和太阳家族中的行星、卫星、彗星以及小行星组成了太阳系。太阳系位于银河系的一条旋臂内侧。而地球在距离银河系中心约三分之二处。虽然在我们看来，地球非常巨大，但是在浩瀚的宇宙中，地球也不过只是一个小不点。

## 类木行星

木星、土星、天王星、海王星，这几颗行星都是由一个像石头一样的恒星核和大量的气体外壳组成的，因此被称为气体行星，也叫类木行星。

**彗星**

**太阳：**
太阳非常巨大，把 100 万个地球装在里面也绰绰有余。

## 类地行星

最接近太阳的 4 颗行星：水星、金星、地球和火星，就是我们通常所说的类地行星，它们的组成和构造都比较像。

**水星：**
水星上布满了由陨石撞击形成的巨大陨石坑。

**金星：**
尽管金星距离太阳位置比水星远，但的温度比水星高。

**土星:**

土星的光环巨大而明亮,我们在地球上也能看到。

**海王星:**

海王星有太阳系中时速最高的风和猛烈的暴风雨。

**火星:**

一些科学家认为火星上可能存在过生命。

# 第三章 我们的太阳系

太阳系以太阳为中心,是太阳和所有受太阳引力约束的天体的集合。太阳系中包括8颗行星、5颗矮行星,至少165颗天然卫星和数以亿计的太阳系小天体,这些小天体包括小行星、彗星、柯伊伯带天体和星际尘埃。八大行星是太阳系内最重要的一类天体,按照离太阳的距离进行排序,由近到远依次是水星、金星、地球、火星、木星、土星、天王星、海王星。

**地球**

**冥王星:**

过去它一直被认为是行星,不过由于它太小,而且运行轨道太奇怪,所以天文学家将冥王星归为矮王星。

**木星:**

木星是太阳系中最大的行星,它比太阳系其他行星加起来还要大一些。

**天王星:**

天王星旋转角度不同于其他行星。

**小行星:**

大多由石块、金属和尘埃构成,它们绕太阳运转,比行星小很多。木星和火星之间有数万颗小行星,形成了一条宽阔的小行星带。

## 第四章

# 太阳

太阳就像地球的母亲一样，给予地球光明和温暖，孕育出生命与文明。在太阳系里，太阳是主宰者，所有家庭成员都围绕着它来转动！整个太阳系的空间环境都由它掌控。在宇宙中，太阳是众多恒星中的一颗。研究太阳可以帮我们解开星空的秘密。

## 燃烧的恒星——太阳

太阳是一颗正在燃烧的恒星，也是离地球最近的恒星，主要成分是氦和氢。太阳内部不断进行着核反应，向外释放出大量的能量，给我们带来光明，使地球的温度正好适合生命生存。如果没有太阳的光和热，太阳系中所有的行星都将变得极其冰冷，地球上的生命也将无法生存。

虽然太阳是离地球最近的恒星，但是要从地球发射火箭，也要 3 年时间才能抵达太阳。

月球绕着地球旋转，而地球则绕着太阳旋转。地球上不同的地方，在不同的时段被太阳照亮。

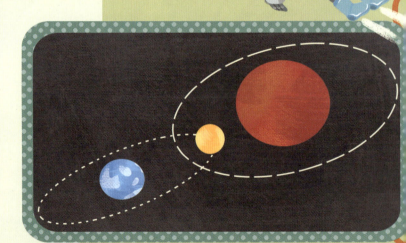

28倍

## 令人惊讶的太阳数据

**质量庞大**：太阳是太阳系中的"大巨人"。

**巨大能量**：太阳内部的高温使核反应得以发生，核反应每秒产生的能量相当于1000亿吨火药爆炸产生的能量。

**超大重力**：太阳表面重力是地球的 28 倍。

**唯一性**：太阳是我们唯一能观测到表面细节的恒星。

## 巨大的火球

太阳内部发生着剧烈的核反应，那里的温度和压力都无比巨大，内部的温度有上千万度。太阳表面的温度要比地球上火山喷发出来的岩浆温度还要高，比沸水高 60 倍。太阳的光和热都来自中心的核反应。太阳可以让距离它 1.5 亿千米外的我们都能感受到它的温度，可见温度有多高。

## 太阳的活动

我们用肉眼很难看到太阳的表面活动情况，但是通过特制的滤镜，我们可以观测到太阳黑子、日珥和太阳耀斑。

**日珥**：太阳喷出来的巨大热气就叫作日珥。这其实是强有力的磁场在太阳表面形成的气环。日珥的高度甚至比地球上最高的山峰还要高得多。

**太阳的大气层**：太阳的大气层从内到外被分为光球层、色球层和日冕。光球层是太阳光的来源，非常明亮，所以我们平时看到的太阳就是它的光球层。

**太阳耀斑**：耀斑是一种极其剧烈的太阳活动，又叫色球爆发，能释放出巨大能量。耀斑发出的危险辐射和大量高能粒子足以将人造卫星摧毁。

## 太阳风

太阳剧烈的内部活动使一些物质难以忍受，于是这些物质就冲出太阳表面，冲向宇宙空间，这被称为太阳风。太阳风会对地球产生影响。

## 太阳黑子

　　有时候，太阳表面会出现一些黑点，这些黑点是一些温度较低的区域，所以比周围明亮的地方要暗一些。它们能够形成强大的磁场，使得热量到达不了太阳表面。每隔 11 年，太阳黑子就会经历一次从少到多，再由多变少的活动过程。当一个循环中最后一个黑子消失时，下一个循环中的第一个黑子就又出现了。

　　第 1 年：太阳黑子数量最少，在高纬度范围内出现的黑子数量较少。

　　第 5 年：太阳黑子数量最多。

　　第 11 年：太阳黑子数量日渐减少，数量接近最小值。

## 太阳辐射

　　太阳发出的辐射有很多种。除了可以看见的光辐射外，还有红外线辐射，这种辐射通常表现为热效应。紫外线辐射也是一种不可见的辐射，它会晒伤我们的皮肤。X 射线和伽马射线是最危险的太阳辐射，幸运的是，它们被地球的大气层阻挡住了。

## 第五章

# 八大行星

## 木星

除了太阳外，木星是太阳系最大的天体。木星上的气候非常干躁，一场风暴会持续很长时间，有的大风暴甚至可以刮上几十年的时间。科学家推测，木星上存在的大红斑可能是规模巨大的风暴，风暴把冷空气聚集起来，形成一个物质比较密集的区域，这个区域就把红色的光反射出来，形成了大红斑。

木星自转速度很快，在木星赤道上，只要10个小时就可以旋转一周，因此木星上的一天只有10个小时。

## 水星

水星表面是一个干燥、炎热的荒凉世界。因为靠近太阳，水星遭受到太阳风的袭击，在数十亿年时间里，水星上的大气几乎都被太阳风刮走了，所以水星上的大气十分稀薄。水星上的温度也很不均匀，被太阳照射的地方有几百摄氏度，而没被太阳照到的地方温度却很低，只有 −100℃ 左右。水星的自转速度很慢，所以水星上的白天和夜晚的持续时间很长，当它围绕太阳旋转两圈，自己才自转了3圈。

## 金星

　　人们为金星起了好听的名字，它是天亮前出现在东方的启明星，也是日落时出现在西方的长庚星。金星上有十分浓密的大气，不过大气中的主要成分是二氧化碳，其中还夹杂着硫磺。大气会反射出红色和黄色的光，因此金星外表看上去红黄相间。金星的表面形成的时间只有数百万年，在金星上到处是平坦的平原，只有少数地方才会有山脉。金星的温度保持在400℃左右，是个闷热的星球。

## 土星

　　土星是一个被光环围绕的美丽行星。土星的光环是由很多来自碎裂卫星或者坠落流星的岩石及冰块组成的，土星环的形状和位置受土星及其卫星的重力影响。别看土星块头很大，实际上它的密度比水还要小，如果把土星放到一个巨大的海洋中，土星就会漂浮在水面上，不会沉到海底。

## 天王星

　　天王星是第一颗通过望远镜发现的行星。天王星的大气中除了氢气和氦气以外，还含有甲烷。这些甲烷吸收红光，而蓝光和绿光则被反射出去，于是整个天王星看起来是蓝绿色的。天王星表面非常寒冷，充满了冰块和岩石，在天王星周围还存在一个由冰和石块组成的圆环。天王星的自转轴倾角接近90°，所以科学家总打趣说："天王星是太阳系中最懒的行星，总是躺着自转。"

## 海王星

　　海王星是最小、最冷的气态行星，这里有太阳系中最肆虐的风暴活动，它表面的大黑斑就是风暴活动的例证之一。因为远离太阳，这里的阳光很微弱，因此海王星的温度很低，它的岩石核心外面包裹着厚厚的冰层，冰层上面是它的大气层。海王星的大气主要成分是氢气和氦气，也含有甲烷。这些甲烷把蓝色反射出来，使海王星看起来是一个蓝色行星。

## 火星

　　火星看起来是红色的，就像一颗飘荡在天空中的、燃烧着火焰的火球。这是因为它的表面含有较多的氧化铁。火星上到处都是碎石和沙子，在火星赤道上有一条巨大的裂谷，这个裂谷被称为水手号峡谷。火星的两极被冰覆盖着，因此是白色的，但是这种冰不是我们冬天看见的冰，而是干冰。火星上经常出现大风天气，如果大风特别猛烈，那么这场大风就会在整个火星上扬起一场猛烈的沙尘暴，并且持续几个星期。

## 地球

　　从太空看过去，可以看到地球大气层中旋涡状的白云，有些地方覆盖着蓝色的海洋。

## 八大行星的公转

　　太阳系中行星的性质差别很大，但是公转方向却惊人的一致。8 颗行星按相同的方向绕着太阳周而复始地运行。离太阳越近，公转的速度越快，周期越短。在我们的一生中，有可能经历天王星的一个公转周期，却看不到海王星公转一周。

## 八大行星的自转

　　大部分行星自转轴倾角比较接近，在 0°~30° 之间，但是金星和天王星的自转轴倾角与众不同，金星接近 180°，就像倒立着自转，而天王星接近 90°，就像躺着在滚动。

# 八大行星小档案

## 海王星小档案

海王星是距离太阳最遥远的一颗行星。

平均轨道半径：45 亿千米

云层顶部温度：-218℃

直径：49532 千米

自转周期：16.11 小时

公转周期：164.8 地球年

质量：约为地球的 17.1 倍

体积：约为地球的 57.74 倍

## 木星小档案

木星在所有行星中体积最大，质量也最大。

平均轨道半径：77830 万千米

云层顶部温度：-110℃

直径：142948 千米

自转周期：9.93 小时

公转周期：11.86 地球年

质量：约为地球的 318 倍

体积：约为地球的 1321 倍

## 水星小档案

水星是太阳系中温差最大的行星。

平均轨道半径：5790 万千米

表面温度：-180℃ ~464℃

直径：4875 千米　自转周期：59 地球日

公转周期：88 地球日

质量：约为地球的 0.055 倍

体积：约为地球的 0.056 倍

金星

火星

水星

地球

木星

## 土星小档案

土星是太阳系中第二大的行星。

平均轨道半径：14.3 亿千米

云层顶部温度：−140℃

直径：120536 千米

自转周期：10.66 小时

公转周期：29.46 地球年

质量：约为地球的 95 倍

体积：约为地球的 763.59 倍

## 火星小档案

太阳系中的类地行星，有稀薄的大气。

平均轨道半径：22790 万千米

表面温度：−125℃ ~25℃

直径：6780 千米

自转周期：24.63 小时

公转周期：687 地球日

质量：约为地球的 0.11 倍

体积：约为地球的 0.15 倍

## 金星小档案

金星是距离太阳第二近的行星。

平均轨道半径：10820 万千米

表面温度：464℃

直径：12104 千米

自转周期：243 地球日

公转周期：224.7 地球日

质量：约为地球的 0.82 倍

## 天王星小档案

天王星是太阳系中第三大的行星。

平均轨道半径：28.7 亿千米

云层顶部温度：−220℃

直径：51118 千米

自转周期：17.24 小时

公转周期：84 地球年

质量：约为地球的 14.5 倍

体积：约为地球的 63.1 倍

天王星

海王星

## 第六章

# ★ 月球

月球是地球唯一的天然卫星，也是我们最熟悉的天体。在晴朗的夜空，除了少数时间外，我们几乎每天都可以看见月球。月球距离地球的距离是 384000 千米。月球围绕地球公转一周的时间与其自转一周所需要的时间相同，因此月球总是以同一个半球朝向地球——月球的正面总是朝向地球，背面的景象直到探测器第一次登上月球时才为人所见。由于月球没有大气层，所以太阳辐射可以长驱直入，快速流动的流星体给月球表面留下了几百万个陨石坑。

① 较大的天体撞击地球

## 月球的形成

一些科学家认为，月球形成于地球形成之后，是由一个火星般大的行星与地球撞击产生的碎片形成的。这些碎片先环绕在地球附近，之后聚集在一起，就形成了月球。

② 碎片环绕地球

③ 碎片聚集形成了月球

## 月球的特征

**月球的大小：** 月球的大小约是地球的 1/50，但是它的质量要比地球小得多，因此如果登上月球的话，会觉得身体变得轻多了。

**月球的年龄：** 人们根据科学测量，发现月球的年龄大约为 45 亿年，和地球差不多。

**月球的正面：** 月球一直用同一面对着地球，因此在地球上的我们只能看到月球的正面，看不到背面。

## 月球的表面

月球表面起伏很大，和地球一样，也有海、陆、湖、湾之分，只是这里的海、湖和湾中并没有水。

**月海：** 在月球正面有一些暗色的区域，被天文学家称为月海，现已发现二十几个月海，约占月球正面的一半。月海中伸向月陆的部分称为湾；小的月海称为湖。

**月陆：** 月球表面高出月海的地区是月陆，月陆一般要高出月海 2000 ～ 3000 米。

**月壤：** 月球的表面到处覆盖着厚厚的岩屑和玻璃质物质，称为月壤。这是由陨石及微陨石撞击及其溅射物堆积所形成的岩石碎屑、粉末、角砾等组成的土壤层。月海区月壤厚度为 4~5 米，月陆区受历次冲击溅射物的覆盖，月壤堆积较厚，可达到 10 米左右。

## 月球的环形山

月球的表面布满由陨石撞击而形成的陨石坑和盆地。因为月球没有大气，所以这些陨石坑被保存下来，就是我们看到的环形山，这也是月面上最显著的地貌特征。

## 月相周期

从地球上看，月球的形状在一个月的时间里总会不断变化。随着月亮每天在星空中自东向西移动一大段距离，它的形状也在不断地变化着，这就是月亮位相变化，叫作月相。从新月到满月，月球受太阳照射的面积越来越大，从满月到下一个新月之间，月球受到太阳照射的面积则越来越小。每4周会出现一次满月。

月相依次为：新月、上蛾眉月、上弦月、盈凸月、满月、亏凸月、下弦月、下蛾眉月。

日食

## 月食

月食也是一种天文现象，当地球运行到月球和太阳中间时，地球挡住了太阳光，便会发生月食。月全食的时候，月亮呈现暗橙色。和日食不同的是，直接用眼睛观察月食并没有危险。

月食

# 日食

　　这是一种天文现象，只有月球运行至太阳与地球之间时才会发生。这时，对于地球上的部分地区来说，月球正位于太阳的前方，因此来自太阳的部分或者全部光线被挡住了，看起来就像是太阳的一部分或者全部消失了。

　　日食分成4种，包括日全食、日环食、日偏食及全环食。其中全环食较为罕见，只发生在地球表面与月球本影尖端非常接近的情况，这时不同地区会出现日偏食、日环食和日全食这3种不同的日食。

　　**日食过程：** 月球行经地球与太阳之间，将太阳完全挡住了，我们所能看到的只有太阳的日冕。

　　**日全食：** 在日全食时，月球位于太阳和地球的正中间，它的投影就落在地球上。对于那些处在阴影地区的人们来说，此时的太阳完全被挡住了。

# 第七章 月球漫步

20世纪50年代后，人类开始了对月球近距离的探索。嫦娥工程的启动，也拉开了中国探月的帷幕。

## 人类首次登陆月球

月球上的第一个人类脚印是由美国航天员阿姆斯特朗于美国东部夏令时间1969年7月20日下午留下的。由于月球上没有风和雨，没有大气层，只有陨石会产生微小的侵蚀作用，因此这些足迹会存在几百万年之久。

## 人类的登月梦

先从地球发射一枚火箭，航天员坐在火箭顶部的飞船内（这部分也叫作登月舱）。火箭被发射到太空，火箭一节一节脱落。最终登月舱从火箭上脱离，抵达月球。

## 月球上有水吗？

　　通过太空探索，科学家发现月球上很干燥，没有生命。但是不久前的月球轨道探测结果表明，月球两极附近寒冷，黑暗的陨石坑里可能有水冰。如果这一推测被证实，那么未来的航天员再登月探索时，就不用从地球上带水了，而是可以直接使用月球上的水。

## 中国的玉兔探月

　　2013 年 12 月 15 日，中国首辆月球车——"玉兔"号成功抵达月球表面，绕嫦娥三号着陆器行驶，并与着陆器进行互拍。22 日凌晨，第五次互拍结束，"玉兔"号开始了它的月面探险历程。

## 月球车

　　月球车是在月球表面行驶并对月球进行考察和收集分析样品的专用车辆。它分为两种类型：无人驾驶月球车——靠地面遥控指令行动；有人驾驶月球车——由航天员驾驶在月球表面上行走，主要用于扩大航天员的活动范围，以便在更大范围内考察月面，并可随时存放航天员采集的岩石和土壤标本。

# 地球

**第八章**

　　地球是距离太阳第三近的行星，是太阳系里一颗充满了生机的星球，它是我们人类的家园。地球上温度适宜，刚好适合生命生存。迄今为止，地球不仅是太阳系里，也是我们已知宇宙中唯一一颗有生命存在的星球。作为一颗行星，地球相对较小，赤道直径约为 12756 千米，所以飞机可以在一天内飞越半个地球。

## 蓝色水球

　　地球又被称为水球，那是因为从太空中看，地球表面的四分之三被蓝色的海洋覆盖着，就像一个美丽的蓝色水球。其他的四分之一就是陆地，人类生活在陆地上。现在地球上有亚洲、欧洲、非洲、北美洲、南美洲、大洋洲和南极洲 7 个大洲。

## 地球的圈层构造

如果把地球切成两半的话，它看起来就像一个煮熟的鸡蛋，从外到里共有3层：薄薄的地壳就像鸡蛋壳，地幔像蛋白，地核像蛋黄。

**地壳：** 地球最外层是由岩石构成的固体地壳。地壳的厚度各地不均，在5～70千米不等。

**地幔：** 厚而炙热的熔岩层，黏稠的熔岩极其缓慢地流动着。里面充满了炙热的岩石，约2900千米厚。

**地核：** 温度极高，主要由液态的铁等物质构成。它是一个固态球体，直径约为2440千米。地核的温度可达6000℃，与太阳表面温度相同。

## 地球的形成

**46亿～42亿年前：** 地球表面受到彗星和陨石的撞击，灼热的年轻行星渐渐冷却，密度较大的物质向核心沉降。

**42亿～38亿年前：** 陨石的撞击减少，撞击产生的熔岩流渐渐冷却，形成了地壳。火山和彗星中的水分逐渐汇聚成海洋。

**2亿年前：** 南北半球的大陆连接在一起，形成了被称为泛古陆的超大陆，其周围被海洋环绕着。

**9000万年前：** 泛古陆分开，南大西洋出现，但是北美洲和欧洲仍为一体，澳大利亚也和南极洲连在一起。

**现在：** 大约1200万年前，大陆形成了现在的样子。板块持续不断地碰撞，最终形成不同的新大陆。

## 地球的大气层

地球被一层厚厚的大气包裹着。大气层主要由氧气、氮气和水蒸气组成。太阳系所有行星中，只有地球的大气层中富含着生命繁衍所需要的水分和氧气。

**对流层：**最贴近地球表面的一层大气，密度很大，几乎占整个大气层的75%。

## 地球的公转和自转

地球绕着太阳公转，公转一周的时间大约为365天，也就是一年。

除了公转外，地球还绕着地轴自转。自转形成了白天与黑夜，自转一周约为24个小时，也就是一天。

地球同时进行公转和自转，就像是一个朝一边倾斜旋转的陀螺，在这个过程中，产生了季节的变化。

## 白天与黑夜

当地球的某一面朝向太阳时，那一面就是白天，它的背面便是黑夜。

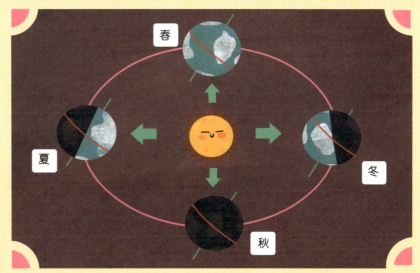

## 太阳与气候

在赤道附近，太阳光是直接垂直照在地面上的，所以特别热。而在纬度高一些的地方，阳光会与地面呈一定的角度照射下来，于是这些地方就相对冷一些。

## 季节

随着照射到地面上的阳光总量改变，季节也将发生变化。6月到8月，地球的北端倾向太阳，此时北半球是夏季，白天时间长；南半球是冬季，白天时间短。12月到次年2月，地球的北端远离太阳，此时北半球是冬季，白天时间短；南半球是夏季，白天时间短。

# 恒星

**第九章**

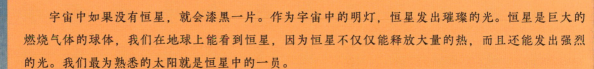

宇宙中如果没有恒星，就会漆黑一片。作为宇宙中的明灯，恒星发出璀璨的光。恒星是巨大的燃烧气体的球体，我们在地球上能看到恒星，因为恒星不仅仅能释放大量的热，而且还能发出强烈的光。我们最为熟悉的太阳就是恒星中的一员。

## 恒星的诞生

科学研究表明，恒星在宇宙诞生数亿年后就出现了，那时宇宙的温度已经降得足够低了，这样漂浮在宇宙中的氢分子才能聚在一起。随着气团的凝聚，气团中心区域的压力越来越大，温度也越来越高，当压力到达一定程度时，就会发生剧烈的爆炸。在爆炸后，原始的恒星开始向外发射大量的光，这个时候一颗真正的恒星才算正式诞生了。

## 恒星的生命历程

恒星是由发光等离子体构成的巨型球体。和人类一样，恒星的生命历程也要经过出生、成长、衰老、死亡这些必然阶段。恒星的寿命非常长，像太阳那样的中等质量恒星可以在宇宙里存活上百亿年的时间，而银河系中像太阳这样的恒星到处都是，有一些质量很小的恒星可以存在更长时间。

## 恒星形成区

恒星在银河系中随处可见，但是在旋臂上和朝着银河系中心的方向更明显，因为那里拥有丰富的形成恒星的原材料——尘埃和气体。

## 不同年龄段的恒星

**婴儿恒星：**刚诞生的恒星体积很小，不过它的表面温度很高，发出蓝色的光。婴儿恒星会慢慢地膨胀，好像在长大一样。

**中年恒星：**当一颗恒星表面发出金黄色的光芒时，就表示它进入了中年期，能够稳定地向外发光。太阳就是一颗进入中年时期的恒星。

**老年恒星：**当一颗恒星发出红色的光芒时，它已经步入老年期了。与年轻的恒星相比，老年恒星的表面温度低。

## 星 云

宇宙间存在着由较冷气体和尘埃构成的巨大雾状天体，这就是星云。一些星云在巨大引力的作用下，变得十分稠密，以至于有些聚合成了恒星。星云物质在自身重力的作用下，渐渐聚集在一起。

# 观星 第十章

　　在很久很久以前，人类就对天空中各种美丽的星星产生了兴趣。他们在晴朗的夜晚仰望星空，观察天空中成千上万颗星星。这些闪烁的星光让整个天空充满了神秘色彩，吸引无数人不知疲倦地观测。

## 遥远的星星

　　天上的星星看起来似乎离我们并不遥远，所以在很长时间里，人类都认为星星离地球很近，有很多人甚至想着，要是能把星星摘下来就好了。实际上，天上的星星离地球非常遥远。

## 星星的亮度

　　天空中的星星，有的十分明亮，有的比较暗淡，还有的几乎看不见，这是由于星星亮度不一造成的。星星的亮度，除了与它们到地球的距离和发光强度有关系之外，还有一个对星星亮度有影响的因素，那就是星星的大小，星体越大，一般亮度就越大。通常用几等星来代表亮度，一般数值越低，亮度就越高，比如一等星就比三等星更亮。人眼能直接观看到的星星的亮度，最低极限是六等星。

## 眨眼睛的星星

　　天空中的星星一闪一闪的，就像在眨眼睛一样，这是因为流动的空气改变了光的传播方向，所以看到的星星是忽明忽暗的。

## 亮度会变的星

　　有一些星星的亮度会从明亮转变为暗淡，甚至暗到人眼看不到的程度，但是过了一段时间后，它们的亮度又开始增加，重新转变为明亮的星星，然后再重复以上的过程，这种星星被称为变星。

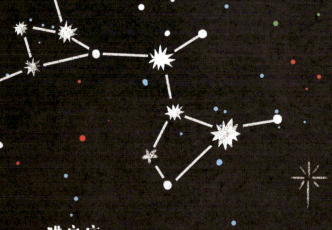

## 天上的星座

古代的观星家们看着满天的星星，借助丰富的想象力，把它们分别连成不同的图案，这样的恒星组合就叫作星座。北半球星空的星座大多以神话人物和动物来命名，这些名字我们至今还在使用。

## 猎户座

猎户座是以古希腊神话中著名的猎手奥利翁的名字来命名的。每到冬季，天空中有 3 颗明亮的星星排成一排，形成了猎人的腰带。猎户座的整个形象就像一位昂首挺胸的猎人，十分壮观。

## 大熊座

　　大熊座是北方天空中最有名的星座之一。在古希腊神话中，它象征着一位叫卡利斯托的美丽女神。传说这位女神被宙斯的妻子女神赫拉变成了一头大熊，后来升上天空变成大熊座。大熊座中的 7 颗星星构成了我们熟悉的犁形，也就是我们熟悉的北斗七星。

## 星图

　　星图，是天文学上用来认星和指示位置的一种重要工具。它把夜空中一些持久的特征，例如恒星、恒星组成的星座、银河系、星云、星团和其他河外星系等精确地描述或绘制出来。

43

# 天文学的发展

## 第十一章

人类对天空的好奇和探究之心，促进了天文学的不断发展。经过几千年的探索，借助大量的发明，人类对宇宙的探索得到了长足的进步。

## 天文学的起源

天文学的起源可以追溯到人类文化的萌芽时期。古时候，人们为了指示方向、确定时间和季节而对太阳、月亮和星星进行观察，并找出它们变化的规律，据此编制历法。最早开始科学探索宇宙的是古希腊人。

## 最早的天文观测

**玛雅金字塔**：这座位于帕伦克的金字塔的窗口排布反映了金星升起和降落的周期。

**史前巨石柱**：这是一个原始的天文观测台。

**金字塔**：有人指出，埃及人建造的金字塔与猎户座腰带上的恒星排布相同。

**古巴比伦陶片**：古巴比伦的天文学家在陶片上记录了恒星和行星运行的情况。

# 天文学的时间表

公元前 4000 年，美索不达米亚的闪族人记载了狮子座、金牛座、天蝎座，这些古老的星座名称至今仍在使用。

公元前 3000 年，古希腊神话中有许多关于恒星的传说，其中一位名叫阿特拉斯的天神用双臂支撑起苍天。

140 年，托勒玫总结并发展了古希腊天文学成就后建立了完整的地心体系学说。他所提出的理论在此后的 1000 多年里，一直占据主导地位。

公元前 600 年，古希腊哲学家泰勒斯很可能已经知晓日食和月食的成因。

公元前 350 年，古希腊哲学家亚里士多德对"地球为什么是圆的"进行了科学论证。

公元前 325 年，古希腊数学家欧克多解释了天体运行的规律，提出了地球是宇宙的中心，25 年后，天文学家埃利斯塔克斯提出了日心说。

1543 年 尼古拉斯·哥白尼指出，太阳是太阳系的中心。

1576 年，丹麦天文学家第谷在汶岛建立了一座天文台，发现了许多新的天文现象。

1781 年，威廉·赫歇尔发现了天王星，这是人类通过望远镜发现的第一颗行星。

1833 年，天文爱好者克拉克看见了狮子座流星雨，她断言这种流星雨每隔 33 年出现一次。

1916 年，爱因斯坦发表广义相对论，该理论预言宇宙处于不断膨胀之中。

1929 年，哈勃对河外星系的视向速度与距离的关系进行了研究，得出著名的哈勃定律。

1932 年，卡尔·央斯基发现了发射自银河系中心的无线电波，标志着射电天文学诞生。

1609 年，伽利略在知道荷兰已有望远镜的基础上，自制了一台天文望远镜。

1619 年，开普勒发表了"开普勒第一定律"和"开普勒第二定律"。

1675 年，英国国王查理二世建造了格林尼治天文台，以帮助航海家利用恒星在海上航行。

1687 年，牛顿首先提出万有引力定律。正是太阳的引力作用，使得行星在太空中运行。

1759 年，哈雷彗星在天文学家哈雷所预测的时间如期回归。

1950 年，奥尔特提出彗星来自于冥王星外很遥远的彗星云假说，这团彗星云被人们称为"奥尔特云"。

1961 年，人类首次进入太空。

1969 年，人类首次登上月球。

1990 年，哈勃太空望远镜被送入太空。

1998 年，国际空间站的第一个组件"曙光号功能货仓"发射成功……

# 现代人类对太空的探索

天文探索打开了人类通往太空的窗口。天文望远镜是观测天体的重要工具，人类借助太空望远镜，掌握了更多有关太空的信息。借助科学家们研制的火箭，人类踏足太空的梦想，已经从不可能成为现实。

## 早期的太空探索

人们很早就梦想能够进入太空，这个梦想在 20 世纪 50 年代成为了可能。

**第一颗人造卫星：** 1957 年，苏联宣布成功把世界上第一颗绕地球运行的人造卫星送入轨道。

**"东方号"运载火箭：** 1961 年 4 月，"东方号"运载火箭把世界上第一位航天员加加林送入太空，在绕地球飞行 108 分钟后，加加林安全返回地面。

**阿波罗计划：** 这是美国在 1961 年到 1972 年间组织实施的一系列载人登月飞行任务，目的是实现载人登月飞行和人对月球的实地考察，具有划时代的意义。

# 飞上天空的翅膀——火箭

　　火箭是唯一能够飞到太空中的飞行器。自诞生以来，世界各地已经发射了很多次火箭，把许多人造飞行器送到太空中，为人类探索太空立下巨大的功劳。火箭大约有十几层楼高，像一个高耸的柱子，外部是厚厚的保护层，把内部的仪器与空气隔开，这样就能保护内部设备。火箭负责把航天器带到太空中，当到达预定轨道后，航天器与火箭分离，开始在太空中飞行。

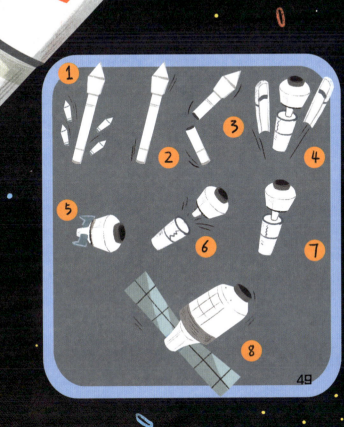

## 空间站

　　在太空里，航天员生活在一个叫作空间站的浮动太空舱里，他们在这里进行探索太空的实验。从 20 世纪 70 年代开始，已经有 100 多人在各种空间站工作过，空间站为工作人员提供生命供给系统。

　　国际空间站的组件是一件件由航天飞机装载、运送到太空，并加以组装的。

　　空间站里可同时容纳 6 位航天员，他们必须穿着航天服才能进入太空。航天服能隔热隔冷，而且提供人类在太空生存所需要的物质，比如氧气以及随时和队员通话的对讲机。

## 航天飞机

　　航天飞机是一种载人往返于近地轨道和地面间的运载工具。它既能像运载火箭那样垂直起飞，又能像飞机那样在返回大气层后在机场着陆。航天飞机一般由轨道器、外贮燃料箱和固体助推器组成。

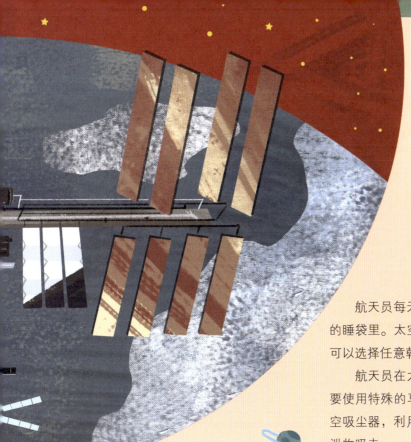

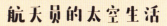

# 航天员的太空生活

太空生活听起来让人神往，实际上，这并不是一件容易的事情。航天员要时刻应对失重的问题。如果没有重力，他们就会漂浮在空中，分不清方向。

航天员每天都需要锻炼身体，以保持生理机能正常运转。

航天员在空间站里不需要穿航天服，因为空间站里有特殊的仪器使空气循环，气温恒定适中。

航天员每天要睡在固定于墙上的睡袋里。太空中不分上下，他们可以选择任意朝向睡觉。

航天员在太空中上厕所时，需要使用特殊的马桶。它就像一个真空吸尘器，利用空气压力把固体排泄物吸走。

航天员的工作是测试人或动、植物，以及其他物体在太空中的变化，并向地球传送报告。

航天员离开空间站，在轨道上安装大型设备、进行科学实验、检查和维修航天器，这叫作太空行走。

航天员乘坐航天飞机来往于地球和空间站之间。